EU TENHO UM SONHO

Copyright © 2022 por The Estate of Martin Luther King, Jr.
Copyright de prefácio © 2022 por Amanda Gorman.
Copyright da tradução © 2022 por Casa dos Livros Editora LTDA.
Copyright © 1963 Dr. Martin Luther King Jr. © renovado 1991 por Coretta Scott King.
"The March on Washington Address" reimpresso mediante acordo com herdeiros do espólio de Martin Luther King Jr., a/c Writers House como proprietário, Nova York, NY.

Em parceria com

Licença concedida pela Intellectual Properties Management, Inc., Atlanta, GA, licenciante exclusivo de The King Estate.

Título original: *I Have a Dream*

Todos os direitos desta publicação são reservados à Casa dos Livros Editora LTDA.

Nenhuma parte desta obra pode ser apropriada e estocada em sistema de banco de dados ou processo similar, em qualquer forma ou meio, seja eletrônico, de fotocópia, gravação etc., sem a permissão do detentor do copyright.

Diretora editorial: *Raquel Cozer*
Gerente editorial: *Alice Mello*
Editora: *Lara Berruezo*
Editoras assistentes: *Anna Clara Gonçalves e Camila Carneiro*
Assistência editorial: *Yasmin Montebello*
Copidesque: *Karine Ribeiro*
Revisão: *Isis Pinto*
Design: *SBI Book Arts, LLC*
Design de capa: *Stephen Brayda*
Arte de capa: © *Makeba 'Keebs' Rainey (@Justkeebs)*
Imagem de capa: © *Stephen F. Somerstein/Getty Images*
Imagem de fundo: © *ARTvektor/Shutterstock*
Diagramação e adaptação de capa: *Guilherme Peres*

Dados Internacionais de Catalogação na Publicação (CIP)
(Câmara Brasileira do Livro, SP, Brasil)

King Junior, Martin Luther, 1929-1968
   Eu tenho um sonho / Martin Luther King Jr. ; tradução Stephanie Borges ; prefácio de Amanda Gorman. – 1. ed. – Rio de Janeiro : HarperCollins Brasil, 2022.

   Título original: I Have a Dream
   ISBN 978-65-5511-381-5

   1. Afro-americanos - Direitos civis 2. Estados Unidos - Relações raciais 3. Movimentos pelos direitos civis - Estados Unidos - História - Século XX I. Gorman, Amanda. II. Título.

22-115256   CDD-305.896073

Índices para catálogo sistemático:
1. Estados Unidos : Relações raciais 305.896073

Aline Graziele Benitez - Bibliotecária - CRB-1/3129

Os pontos de vista desta obra são de responsabilidade de seu autor, não refletindo necessariamente a posição da HarperCollins Brasil, da HarperCollins Publishers ou de sua equipe editorial.

HarperCollins Brasil é uma marca licenciada à Casa dos Livros Editora LTDA.
Todos os direitos reservados à Casa dos Livros Editora LTDA.

Rua da Quitanda, 86, sala 218 – Centro
Rio de Janeiro, RJ – CEP 20091-005
Tel.: (21) 3175-1030
www.harpercollins.com.br

DR. MARTIN LUTHER KING JR.

EU TENHO UM SONHO

Prefácio de Amanda Gorman

Tradução de
Stephanie Borges

**MartinLuther
KingJr.** *Library*

Prefácio

Em 20 de janeiro de 2021, observei o parque National Mall quase vazio enquanto me preparava para a posse do presidente Joe Biden. Do meu pódio, nos degraus do edifício do Capitólio, pude ver o brilho alto e branco do Monumento do Obelisco, o sol do início da tarde cintilando no Espelho d'Água do Memorial Lincoln, assim como a distante e imensa escultura de mármore de Abraham Lincoln. Ver as silhuetas marcantes desses monumentos deu ao meu coração perigosamente descompassado um pedaço físico da história no qual me ancorar. De coração apertado, me forcei a respirar bem fundo e, encarando aquelas estátuas, permiti que o primeiro verso de meu poema "O monte que escalamos" deixasse meus lábios. A cada momento, eu prosseguia com as palavras: "Senhor presidente, senhora vice-presidenta, americanos e mundo".

Enquanto falava, eu me forçava a esperar e ouvir os enormes autofalantes do cerimonial reverberarem minhas palavras de volta para mim antes de continuar a recitar. Isso garantia que eu não estivesse falando por cima dos longos ecos da minha voz. E também me permitia abraçar secretamente o eco de um momento histórico que acontecera havia muito tempo.

O momento era 28 de agosto de 1963, quando Martin Luther King Jr. recitou seu famoso discurso "Eu tenho um sonho" nas escadas do Memorial Lincoln. Embora o dr. King e eu estivéssemos falando em lugares e tempos diferentes, estávamos olhando essencialmente para as mesmas perspectivas, apesar de reversas: nosso país e seus monumentos.

O discurso do dr. King cresceria a ponto de se tornar um monumento à sua maneira, no entanto feito de palavras, não de pedra. Ele comoveu não apenas as 250 mil pessoas que participaram da Marcha sobre Washington, mas também inúmeras outras, nascidas e ainda não nascidas, que encontraram um poder infindável em seu expressivo chamado pela liberdade e pelos direitos civis. Muitos atributos o tornam tão poderoso, e, sem querer limitá-los, destaco três elementos centrais: a visão, a oratória e a linguagem. Isto é: o conteúdo, como foi comunicado e a forma como foi escrito.

Primeiro, o dr. King apresentou uma revitalização única do sonho americano que transcendia raça, classe, gênero e outras intersecções entre as diferenças. Dessa forma, não apenas imaginou um terreno comum potente, mas também descreveu a consciência e a condição dos Estados Unidos.

A segunda força do discurso está em sua extraordinária performance e execução. Nos dias de janeiro anteriores à minha declamação de "O monte que escalamos", constantemente ouvi gravações do discurso, tentando aprender com o estilo de falar persuasivo e arrebatado do reverendo. Algo que nós dois compartilhamos é o impacto que a Igreja negra teve em nossa abordagem ao falar em público. Como uma jovem negra que passou muitos domingos na minha igreja negra local, durante toda a vida estive ligada a uma instituição duradoura que tem produzido profetas, poetas e inovadores negros ao longo de eras, incluindo Harriet Tubman e Frederick Douglass. O dr. King é um exemplo extraordinário disso, não uma exceção.

Também defendo que o discurso do dr. King perdura não só por causa de sua prosa robusta, mas também por sua impressionante poesia. Como na maioria das antigas rapsódias, o ambicioso reverendo conduz perfeitamente o lirismo, a linguagem figurativa, a rima, o ritmo e as ferramentas retóricas. Sua brilhante maestria da linguagem possibilitou que ele escrevesse um dos mais importantes — e poéticos — textos na história dos EUA.

Como seu discurso "Eu tenho um sonho" permanece tão querido, alguns argumentam que o texto se tornou batido, até mesmo clichê. Realmente, esse discurso é só uma das inúmeras formas usadas pelo dr. King para falar abertamente sobre justiça. No entanto, a expansividade da obra do dr. Martin Luther King Jr. não nos impede de revisitar o efeito indelével de "Eu tenho um sonho". Retornar a essa obra de forma minuciosa e com curiosidade não diminui o impacto infindável do dr. King; em vez disso, o aprofunda. Quanto mais nos abrimos para a amplitude do sonho que ele articulou, mais nos abrimos para a amplitude de nosso futuro em comum. Isso para dizer que mesmo o que é renomado deve ser reconhecido, repetidas vezes, para que seu significado seja duradouro.

Para mim, teria sido impossível escrever "O monte que escalamos" sem tratar "Eu tenho um sonho" como um dos muitos ancestrais literários do poema. No mínimo, ele lembrava que, embora eu estivesse separada e afastada no pódio, não estava sozinha. Eu participava de uma longa linhagem de figuras públicas que encontravam inspiração ilimitada no ativismo do dr. King. Nós revisitamos "Eu tenho um sonho" não para nos tornarmos o dr. King, mas para contemplar, encorajar e levar adiante a integridade do trabalho que ele realizou em vida. O dr. Martin Luther King Jr. foi um meteoro único, com uma trajetória inigualável, mas cuja missão podemos continuar. Esse é o poder interminável e *ilimitado* do sonho do dr. King. É uma esperança que desafia, reivindica e acolhe todos nós.

No instante em que terminei de recitar "O monte que escalamos", pude ouvir o som lento e seguro dos autofalantes retumbando para mim no ar gelado do inverno. Era como se a história estivesse respondendo, me lembrando de todos os outros gigantes, todos os outros reis, em cujos ombros tenho a sorte de me apoiar. Meu poema pode ter sido uma performance solo, mas eu era apenas uma voz em um coro de pessoas que continuam a revisitar a visão persistente do dr. King. Sorri, realmente acreditando, como ainda acredito, que o eco de sua obra sempre vai reverberar alto e claro. E que, além disso, chegará o dia em que não será apenas um eco, mas uma existência — não só um sonho ressoando intensamente, mas um sonho enfim realizado.

— Amanda Gorman
Los Angeles, Califórnia
2022

EU TENHO UM SONHO

Discurso proferido em 28 de agosto de 1963

Estou feliz por me juntar
a vocês no que vai entrar
para a história como
a maior manifestação
pela liberdade
na história da nossa nação.

I am happy to join
with you today in what will
go down in history as the
greatest demonstration
for freedom in the
history of our nation.

Há cem anos,
um grande americano,
em cuja sombra simbólica
nos encontramos hoje, assinou
a Proclamação da
Emancipação.

Five score years ago,
a great American,
in whose symbolic shadow
we stand today, signed
the Emancipation
Proclamation.

Este importante decreto
veio como um imenso farol luminoso
de esperança para milhões
de Negros escravizados que tinham
sido queimados pelas chamas
da injustiça fulminante.

*This momentous decree
came as a great beacon light
of hope to millions of
Negro slaves who had
been seared in the flames
of withering injustice.*

Veio como um feliz
amanhecer que deu fim
à longa noite de seu cativeiro.

*It came as a joyous
daybreak to end the long
night of their captivity.*

Mas, cem anos depois,
o Negro ainda não é livre.

*But one hundred years later,
the Negro still is not free.*

Cem anos depois,
a vida do Negro ainda é
terrivelmente prejudicada
pelas algemas da segregação e
pelas correntes da discriminação.

*One hundred years later,
the life of the Negro is still
sadly crippled by the manacles
of segregation and the
chains of discrimination.*

Cem anos depois,
o Negro vive em uma ilha solitária
de pobreza no centro de
um vasto oceano
de prosperidade material.

*One hundred years later,
the Negro lives on a lonely
island of poverty in the
midst of a vast ocean of
material prosperity.*

Cem anos depois,
o Negro ainda sofre
às margens da sociedade
americana e se encontra
num exílio em sua própria terra.

One hundred years later,
the Negro is still languished
in the corners of American
society and finds himself
in exile in his own land.

E então nós viemos aqui
hoje para expor
uma condição vergonhosa.

*And so we've come here
today to dramatize a
shameful condition.*

Em certo sentido
nós viemos à capital de nossa nação
para descontar um cheque.

In a sense we've come
to our nation's capital
to cash a check.

Quando os arquitetos de
nossa república escreveram
as magníficas palavras
da nossa Constituição e
da Declaração de Independência,
eles estavam assinando
uma nota promissória
da qual todo e cada americano
se tornaria herdeiro.

*When the architects of
our republic wrote the
magnificent words
of the Constitution and
the Declaration of
Independence, they were
signing a promissory note
to which every American
was to fall heir.*

Essa nota era uma promessa
de que a todos os homens, sim,
homens negros assim como
homens brancos, seriam
garantidos os "direitos inalienáveis
à vida, à liberdade e
à busca da felicidade".

*This note was a promise that
all men, yes, black men as
well as white men, would be
guaranteed the unalienable
rights of life, liberty, and
the pursuit of happiness.*

É óbvio hoje que os Estados Unidos
estão em dívida com essa promessa
no que diz respeito
aos seus cidadãos de cor.

*It is obvious today that America
has defaulted on this promissory
note insofar as her citizens
of color are concerned.*

Em vez de honrar essa sagrada
obrigação, os Estados Unidos deram
ao povo Negro um cheque sem fundos,
um cheque que voltou
marcado como "saldo insuficiente".

*Instead of honoring this sacred
obligation, America has given
the Negro people a bad check,
a check which has come back
marked insufficient funds.*

Mas nos recusamos a acreditar
que o banco da justiça
está falido.

*But we refuse to believe
that the bank of justice
is bankrupt.*

Nós nos recusamos a acreditar
que não existam fundos suficientes
nos grandes cofres de
oportunidades desta nação.

We refuse to believe that
there are insufficient
funds in the great vaults of
opportunity of this nation.

E então nós viemos

para descontar esse cheque,

And so we've come to

cash this check,

um cheque que nos dará

o direito de reclamar as

riquezas da liberdade

a check that will give us

upon demand the

riches of freedom

e a garantia
da justiça.

*and the security
of justice.*

Nós também viemos
a este local sagrado para
lembrar aos Estados Unidos da
urgência furiosa do agora.

*We have also come to
this hallowed spot to
remind America of the
fierce urgency of now.*

Este não é o momento de se permitir
o luxo de relaxar
ou tomar a tranquilizante
droga do gradualismo.

*This is no time to engage
in the luxury of cooling off
or to take the tranquilizing
drug of gradualism.*

Agora é a hora de
tornar verdadeiras as promessas
da democracia.

*Now is the time to
make real the promises
of democracy.*

Agora é a hora de
se levantar do vale escuro
e desolado da segregação
para trilhar o caminho ensolarado
da justiça racial.

Now is the time to
rise from the dark and
desolate valley of segregation
to the sunlit path of
racial justice.

Agora é a hora
de erguer nossa nação
das areias movediças da injustiça
racial para a rocha
sólida da fraternidade.

*Now is the time
to lift our nation from
the quicksands of racial
injustice to the solid
rock of brotherhood.*

Agora é a hora
de tornar a justiça uma realidade
para todos os filhos de Deus.

*Now is the time
to make justice a reality
for all of God's children.*

Seria fatal para
a nossa nação ignorar
a urgência deste momento.

*It would be fatal for the
nation to overlook the
urgency of the moment.*

Este verão abafado
pela indignação legítima
do Negro não vai passar
até que exista um outono revigorante
de liberdade e igualdade.

*This sweltering summer of
the Negro's legitimate
discontent will not pass until
there is an invigorating autumn
of freedom and equality.*

1963 não é um fim,

mas um começo.

1963 is not an end,
but a beginning.

E aqueles que tinham a esperança
de que o Negro deveria expressar
seus sentimentos sem incomodar
ninguém, agora ficarão satisfeitos,
pois teremos um rude despertar
se a nação voltar
ao que era antes.

*And those who hope that
the Negro needed to blow
off steam and will now be
content will have a rude
awakening if the nation
returns to business as usual.*

Não haverá descanso
nem tranquilidade nos Estados Unidos
até que o Negro tenha seus direitos
de cidadão garantidos.

*There will be neither rest
nor tranquility in America
until the Negro is granted
his citizenship rights.*

Os furacões da revolta
continuarão a agitar
as fundações de nossa
nação até que raie
o belo dia da justiça.

*The whirlwinds of revolt
will continue to shake
the foundations of our
nation until the bright
day of justice emerges.*

Mas há algo que
devo dizer ao meu povo
que está no portal
acolhedor que leva
ao palácio da justiça:

But there is something that
I must say to my people,
who stand on the warm
threshold which leads into
the palace of justice:

no processo de recebermos
nosso lugar de direito,
não devemos ser culpados
por ações errôneas.

*in the process of gaining
our rightful place,
we must not be guilty of
wrongful deeds.*

Não busquemos satisfazer
nossa sede por liberdade
bebendo da taça
da amargura e do ódio.

Let us not seek to satisfy
our thirst for freedom by
drinking from the cup of
bitterness and hatred.

Nós devemos conduzir eternamente
a nossa luta no alto plano
da dignidade e da disciplina.
Não devemos permitir que
nosso protesto criativo se corrompa
em violência física.

*We must forever conduct our
struggle on the high plane
of dignity and discipline.
We must not allow our
creative protest to degenerate
into physical violence.*

Cada vez mais,
devemos nos elevar às majestosas alturas
de responder à força física
com a força da alma.

Again and again,
we must rise to the majestic
heights of meeting physical
force with soul force.

A maravilhosa nova militância
que se espalhou pela
comunidade Negra
não deve nos levar a desconfiar
de todas as pessoas brancas,

*The marvelous new militancy
which has engulfed the
Negro community must
not lead us to a distrust
of all white people,*

pois muitos de nossos irmãos
brancos, como é evidenciado
pela presença deles aqui hoje,

for many of our white
brothers, as evidenced by
their presence here today,

perceberam que
o destino deles está ligado
ao nosso destino e
que a liberdade deles
está inextrincavelmente
ligada à nossa liberdade.

*have come to realize that
their destiny is tied up with
our destiny, and they have
come to realize that their
freedom is inextricably
bound to our freedom.*

Nós não podemos caminhar sozinhos.

We cannot walk alone.

E, enquanto caminhamos, devemos
nos comprometer em sempre
marchar adiante.
Não podemos voltar.

*And as we walk, we must
make the pledge that we
shall always march ahead.
We cannot turn back.*

Há aqueles que perguntam
aos entusiastas dos direitos civis:
"Quando vocês ficarão satisfeitos?".

There are those who are asking
the devotees of civil rights,
"When will you be satisfied?".

Nós nunca poderemos
ficar satisfeitos enquanto o Negro for
vítima dos horrores indescritíveis
da violência policial.

We can never be satisfied
as long as the Negro is the
victim of the unspeakable
horrors of police brutality.

Nós nunca poderemos ficar satisfeitos
enquanto nossos corpos, pesados
com o cansaço da viagem,
não puderem receber hospitalidade
nos hotéis de beira de estrada e
nos hotéis das cidades.

*We can never be satisfied
as long as our bodies, heavy
with the fatigue of travel,
cannot gain lodging in the
motels of the highways and
the hotels of the cities.*

Nós não poderemos ficar satisfeitos
enquanto a mobilidade básica do Negro
for de um gueto pequeno
para um outro maior.

We cannot be satisfied as
long as the Negro's basic
mobility is from a smaller
ghetto to a larger one.

Nunca poderemos ficar satisfeitos
enquanto nossas crianças forem
despidas de sua individualidade
e roubadas de sua dignidade por
cartazes que dizem "só para brancos".

*We can never be satisfied
as long as our children are
stripped of their selfhood and
robbed of their dignity by
signs stating for whites only.*

Nós não poderemos estar satisfeitos
enquanto um Negro no Mississippi
não puder votar e um Negro
em Nova York acreditar que
não há nada pelo que votar.

*We cannot be satisfied as
long as a Negro in Mississippi
cannot vote and a Negro in
New York believes he has
nothing for which to vote.*

Não, não, nós não estamos satisfeitos
e não estaremos satisfeitos
até que a justiça jorre
como a água e a retidão
como um rio impetuoso.

No, no, we are not satisfied
and we will not be satisfied
until justice rolls down like
waters and righteousness
like a mighty stream.

Eu não me esqueci de que
alguns de vocês vieram aqui após
passarem por grandes desafios e tribulações.

*I am not unmindful that some
of you have come here out of
great trials and tribulations.*

Alguns de vocês acabaram de sair
de celas apertadas da prisão.

*Some of you have come fresh
from narrow jail cells.*

Alguns de vocês vieram
de regiões onde sua busca
pela liberdade os deixou feridos
pelas tempestades da perseguição e
abalados pelos ventos da violência
policial. Vocês têm sido os veteranos
do sofrimento criativo.

*Some of you have come from
areas where your quest for
freedom left you battered by
the storms of persecution and
staggered by the winds of police
brutality. You have been the
veterans of creative suffering.*

Continuem a trabalhar com
a fé de que o sofrimento
imerecido é redentor.

*Continue to work with
the faith that unearned
suffering is redemptive.*

Voltem para o Mississippi,

Go back to Mississippi,

voltem para o Alabama,

go back to Alabama,

voltem para a Carolina do Sul,

go back to South Carolina,

voltem para a Georgia,

go back to Georgia,

voltem para a Louisiana,

go back to Louisiana,

voltem para as periferias
e os guetos de nossas
cidades do Norte,

go back to the slums
and ghettos of our
northern cities,

sabendo que, de alguma forma,

essa situação pode ser

e será mudada.

knowing that somehow
this situation can and
will be changed.

Não vamos nos deixar afundar
no vale do desespero.

*Let us not wallow in
the valley of despair.*

Eu digo a vocês hoje, meus amigos,
pois ainda que nós encaremos
as dificuldades de hoje
e as de amanhã,
eu ainda tenho um sonho.

I say to you today, my friends,
so even though we face
the difficulties of today
and tomorrow,
I still have a dream.

É um sonho profundamente enraizado
no Sonho Americano.

*It is a dream deeply rooted
in the American dream.*

Eu tenho um sonho de que um dia
essa nação se elevará
e viverá o verdadeiro significado
deste credo: "Consideramos como
evidentes essas verdades, que
todos os homens foram criados iguais".

*I have a dream that one day
this nation will rise up and
live out the true meaning
of its creed: "We hold these
truths to be self-evident, that
all men are created equal."*

Eu tenho um sonho de que um dia,
nas colinas vermelhas da Georgia, os
filhos dos que foram escravizados e
os filhos dos antigos senhores de escravos
serão capazes de se sentar juntos
à mesa da fraternidade.

*I have a dream that one day
on the red hills of Georgia, the
sons of former slaves and the
sons of former slave owners will
be able to sit down together
at the table of brotherhood.*

Eu tenho um sonho de que um dia
até o estado do Mississippi,
um estado sufocado
pelo calor da injustiça,

*I have a dream that one day
even the state of Mississippi,
a state sweltering with
the heat of injustice,*

sufocado pelo calor
da opressão,

*sweltering with the
heat of oppression,*

será transformado em
um oásis de justiça
e liberdade.

will be transformed into
an oasis of freedom
and justice.

Eu tenho um sonho de que
meus quatro filhos pequenos um dia
viverão em uma nação onde
não serão julgados pela
cor de sua pele, mas pelo
conteúdo de seu caráter.

*I have a dream that my four
little children will one day
live in a nation where they
will not be judged by the
color of their skin but by the
content of their character.*

Eu tenho um sonho hoje.

I have a dream today.

Eu tenho um sonho de que um dia,

no Alabama, com

seus racistas cruéis,

I have a dream that one day
down in Alabama, with
its vicious racists,

com seu governador,
de cujos lábios escorrem as
palavras "interposição"
e "anulação",

*with its governor having
his lips dripping with the
words of "interposition"
and "nullification",*

um dia, lá no Alabama,
os meninos negros e as meninas negras
poderão dar as mãos aos
meninos brancos e às meninas brancas
como irmãos e irmãs.

one day right there in Alabama
little black boys and black girls
will be able to join hands with
little white boys and white
girls as sisters and brothers.

Eu tenho um sonho hoje.

I have a dream today.

Eu tenho um sonho de que um dia
todo vale será elevado,
cada colina ou montanha
virá abaixo;

*I have a dream that one day
every valley shall be exalted,
every hill and mountain
shall be made low,*

os lugares íngremes se tornarão
planos, e os caminhos tortuosos
se tornarão retos,

*the rough places will be made
plain, and the crooked places
will be made straight,*

e a glória do Senhor
se revelará, e toda
a carne se verá unida.

*and the glory of the Lord
shall be revealed, and all
flesh shall see it together.*

Esta é a nossa esperança.

This is our hope.

É com essa fé que
retorno para o Sul.

*This is the faith that I go
back to the South with.*

Com essa fé nós seremos capazes
de talhar da montanha do desespero
uma rocha de esperança.

With this faith we will be able
to hew out of the mountain
of despair a stone of hope.

Com essa fé nós seremos
capazes de transformar
as discórdias estridentes
de nossa nação em uma
bela sinfonia de irmandade.

*With this faith we will be
able to transform the
jangling discords of our
nation into a beautiful
symphony of brotherhood.*

Com essa fé nós seremos
capazes de trabalhar juntos,

*With this faith we will be
able to work together,*

de rezar juntos,

to pray together,

de lutar juntos,

to struggle together,

de ser presos juntos,

to go to jail together,

de defender

a liberdade juntos,

to stand up for

freedom together,

sabendo que seremos

livres um dia.

knowing that we will
be free one day.

Este será o dia,
este será o dia em que todos
os filhos de Deus poderão
cantar com um novo sentido:

*This will be the day,
this will be the day when all
of God's children will be able
to sing with new meaning:*

"Meu país, é sobre ti,
doce terra da liberdade,
sobre ti que canto.

*"My country, 'tis of thee,
sweet land of liberty,
of thee I sing.*

Terra onde meus pais morreram,

terra do orgulho dos peregrinos,

Land where my fathers died,
land of the pilgrim's pride,

De todas as encostas das montanhas,

deixem a liberdade soar!"

from every mountainside,
let freedom ring!"

E se os Estados Unidos devem ser
uma grande nação,
isso deve se tornar verdade.

And if America is to be a great
nation, this must become true.

Então deixe a liberdade soar
nos topos das prodigiosas colinas
de New Hampshire.

So let freedom ring
from the prodigious hilltops
of New Hampshire.

Deixe a liberdade soar
nas imensas montanhas
de Nova York.

*Let freedom ring
from the mighty mountains
of New York.*

Deixe a liberdade soar
nas alturas dos Alleghenies
da Pensilvânia.

Let freedom ring
from the heightening
Alleghenies of Pennsylvania.

Deixe a liberdade soar
nas Montanhas Rochosas
cobertas de neve no Colorado.

Let freedom ring
from the snow-capped
Rockies of Colorado.

Deixe a liberdade soar
nas ladeiras curvilíneas
da Califórnia.

*Let freedom ring
from the curvaceous
slopes of California.*

Mas não só lá:

But not only that:

Deixe a liberdade soar
desde a Montanha de Pedra
na Geórgia.

*Let freedom ring
from Stone Mountain
of Georgia.*

Deixe a liberdade soar
desde a Montanha Lookout
no Tennessee.

*Let freedom ring
from Lookout Mountain
of Tennessee.*

Deixe a liberdade soar
de cada colina e monte
do Mississippi.

*Let freedom ring
from every hill and
molehill of Mississippi.*

De todas as encostas,

deixe a liberdade soar.

From every mountainside,

let freedom ring.

E, quando isso acontecer,

quando permitirmos

que a liberdade soe,

And when this happens,
and when we allow
freedom to ring,

quando nós a deixarmos soar
de cada vila e de todo vilarejo,

when we let it ring from
every village and every hamlet,

de cada estado e de toda cidade,

from every state and every city,

seremos capazes de chegar mais rápido

àquele dia em que

todos os filhos de Deus,

we will be able to speed up

that day when all of

God's children,

homens negros e homens brancos,
judeus e gentios,
protestantes e católicos,

*black men and white
men, Jews and Gentiles,
Protestants and Catholics,*

serão capazes de dar as mãos
e cantar as palavras
daquele antigo hino Negro:

will be able to join hands
and sing in the words of
the old Negro spiritual:

"Enfim livres! Enfim livres!

"Free at last! Free at last!

Graças ao Deus Todo-Poderoso,

nós enfim somos livres!"

*Thank God Almighty,
we are free at last!"*

Sobre o dr. Martin Luther King Jr.

Dr. Martin Luther King Jr. (1929-1968), líder do movimento pelos direitos civis e agraciado com o Prêmio Nobel da Paz, inspirou e sustentou a luta pela liberdade, pela não violência, pela irmandade interracial e pela justiça social.

Sobre Amanda Gorman

Amanda Gorman é a mais jovem poeta a participar de uma posse presidencial na história dos Estados Unidos. Ela é uma ativista comprometida com o meio ambiente, a justiça racial e a igualdade de gênero. Após se formar com honras na Universidade de Harvard, vive atualmente em sua cidade natal, Los Angeles. Amanda foi uma das cinco homenageadas pelo evento *Power of Women* da revista *Variety* em 2012 e foi retratada na capa. Também foi uma das três Mulheres do Ano a figurar a capa da revista *Glamour* e uma das Mulheres do Ano da revista *Time*. A edição especial de seu poema lido na posse, "O monte que escalamos", chegou às livrarias em março de 2021; seu primeiro livro infantil, *Canção da mudança*, foi lançado em setembro de 2021; e sua coletânea de poemas *Seremos chamados pelo que levamos* foi publicada em dezembro de 2021. Todos os três alcançaram o primeiro lugar nas listas de mais vendidos do *New York Times*, do *USA Today* e do *Wall Street Journal*. Mais sobre a autora em theamandagorman.com.

Este livro foi impresso pela Leograf,
em 2022, para a HarperCollins Brasil.
O papel do miolo é pólen bold 90g/m²,
e o da capa é couchê fosco 150g/m².